Andere Länder,
andere Sprüche

Michela Tartaglia

Andere Länder, andere Sprüche

**REDEWENDUNGEN
IN FÜNF SPRACHEN**

*

ILLUSTRATIONEN
Daniele Simonelli

*

AUS DEM ITALIENISCHEN VON
Alexandra Titze-Grabec

*

DUMONT

INHALT

INHALT

Von Sprache und Sprachen, Vertrautem und Fremdem

Die Kunst, zu schreiben und zu übersetzen, entspringt der Liebe zu den Wörtern: zu fließenden und abstrusen Wörtern, zu süßen und bitteren, alten und neu geprägten, gelehrten und für jedermann verständlichen Wörtern. Letztere können sich, gekonnt miteinander verflochten, zu Redensarten vereinen, zu feststehenden Wendungen, die jede Sprache lebendig machen – einerseits ihre Einzigartigkeit betonen und andererseits Brücken zu anderen Sprachen, aber ebenso zu früheren Zeiten bilden. Im Grunde genommen sind Sprichwörter eine sehr poetische Form der Volksweisheit: Diese wurde zu allgemeingültigen Formeln verdichtet, die erlernt und dann völlig selbstverständlich verwendet werden, obwohl ihre Bedeutung oft gar nicht dem Bild entspricht, das sie – wörtlich genommen – hervorrufen (nur selten darf sich jemand, der einen Korb bekommen hat, tatsächlich über ein geflochtenes Behältnis freuen).

Schon in meiner Kindheit waren Sprichwörter an der Tagesordnung; ich hörte und wiederholte sie, kannte aber meist weder ihren Sinn noch ihre Herkunft. Im Gymnasium machten meine Freunde und ich uns zur Auflockerung des öden Lateinunterrichts einen Spaß daraus, italienische Redensarten zu übersetzen, und so wurde etwa aus »Einem geschenkten Gaul schaut man nicht ins Maul« der Satz *In equo donato non videtur in ore*. Zufälligerweise haben die alten Römer tatsächlich eine solche Wendung gebraucht – sogar mit dem gleichen Tier: *Noli equi dentes inspicere donati.*

Mit meinem Umzug in die USA offenbarte sich mir das Sprichwörter-Universum in all seiner Vielschichtigkeit: Ich entwickelte den Eifer – bisweilen aus der Not heraus –, gewisse Bilder, die (für mich und die meisten anderen Italienerinnen und Italiener) perfekt in einen bestimmten Kontext passen, zu erklären. Diese Übersetzungsversuche ins Englische endeten jedoch oft in einem katastrophal sinnlosen Wust aus Wörtern. In der Tat ist jede Redewendung tief in den soziokulturellen und geopolitischen Gegebenheiten ihrer sprachlichen Umgebung, in der jeweiligen Lebenswelt verwurzelt. Derartige Zusammenhänge können mitunter all jenen fremd erscheinen, die nicht demselben Sprachraum entstammen.

Wohl wissend, dass Übersetzungen nie ganz dem Original entsprechen – Umberto Eco vergleicht sie mit Prothesen wie dem künstlichen Gebiss –, habe ich viele Jahre lang Redensarten aus diversen Regionen gesammelt. Ein Teil dieser Wendungen, der gemeinsam mit Marianna aufbereitet und von Daniele wunderbar

illustriert wurde, findet sich im vorliegenden Buch. Es sind insbesondere die Unterschiede und die Übereinstimmungen zwischen den verschiedenen Sprachen, die unsere Distanz, aber eben auch unsere Nähe zum »Fremden« offenbaren.

Aufgrund unserer globalen Vernetzung haben wir heutzutage die Möglichkeit, uns – zumindest virtuell – jeden Winkel dieser Welt anzuschauen. Zudem war es nie zuvor so einfach, innerhalb kürzester Zeit sämtliche Gegenden der Erde zu bereisen und in Kontakt mit fremden Menschen, Sprachen und Lebensstilen zu treten. Dennoch bleiben uns gewisse länderspezifische Eigenheiten häufig unvertraut, und wir sollten uns stets vor Augen halten, dass auch jede und jeder von uns eine fremde Person für andere sein kann, insbesondere dann, wenn wir ins Ausland fahren oder ziehen und dort eventuell mit sprachlichen Barrieren konfrontiert sind, die sich bisweilen nur schwer überwinden lassen.

Vor diesem Hintergrund erscheint nun unsere Auswahl an Redewendungen in verschiedenen Sprachen als ein Instrument, das möglicherweise all jenen nützt, die gerne unterwegs sind, um Länder und Kulturen zu erkunden – immer auf der Suche nach jenem Ausdruck, der in der jeweiligen Lage »den Nagel auf den Kopf trifft«.

Michela Tartaglia

Es gießt wie aus Eimern

Im Deutschen wie im Italienischen bedient sich das Sprichwort eines Gefäßes – einmal eines Eimers, einmal einer Waschschüssel –, das für gewöhnlich zum Einsatz kommt, um Flüssigkeiten zu transportieren beziehungsweise um Hände und Gesicht oder Kleidung zu waschen. Der Ausdruck »wie aus Eimern/Waschschüsseln« lässt auf eine große Menge an Flüssigem schließen. Folglich verweist das Sprichwort auf einen strömenden Regen, als ergössen sich Wassermassen aus dem Himmel.

Im Englischen wird für die Redewendung das Bild von Katzen und Hunden *(cats and dogs)* bemüht, die sich aus dem Himmel stürzen. Interessant ist die phonetische Ähnlichkeit zum griechischen Begriff *cata doxa* (»wider Erwarten«).

Im Spanischen hingegen sind es Kröten *(sapos)* und Schlangen *(culebras),* die hinabregnen und für einen tierischen Albtraum sorgen, dem niemand gerne ausgesetzt sein möchte. Dieses Bild mit einem Anflug von magischem Realismus zieht sich wie ein roter Faden durch die Sprichwörter der spanischsprachigen Länder; in Verbindung mit verschiedenen Verben wechselt seine Bedeutung *(echar sapos y culebras* heißt beispielsweise »Gift und Galle spucken«; *tragar sapos y culebras* steht für »in den sauren Apfel beißen«, sich also mit recht unangenehmen Umständen abfinden).

Das Französische verwendet eine Seil-Metapher; die Redensart beschwört das Bild einer Ansammlung von »Wasserfäden« herauf, das auch im Deutschen gebräuchlich ist: »Es regnet Bindfäden.«

Piove a catinelle

[Es regnet wie aus Waschschüsseln]

It's raining cats and dogs

[Es regnet Katzen und Hunde]

Llover sapos
y culebras

[Es regnet Kröten und Schlangen]

Il pleut
des cordes

[Es regnet Seile]

Wo Rauch ist, da ist auch Feuer

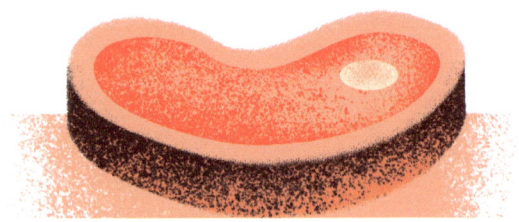

Bereits der römische Dichter Plautus schrieb: *Flamma fumo est proxima* (»Die Flamme ist dem Rauch am nächsten«), was der deutschen Redewendung entspricht. Mit demselben Wortlaut wird auch in Spanien, Frankreich und England zur Vorsicht gemahnt: Es gilt, frühzeitig die Anzeichen einer Gefahr zu beachten.

Im Italienischen lautet das Sprichwort *Non c'è fumo senza arrosto* (»Es gibt keinen Rauch ohne Braten«). Bestimmte Vorzeichen kündigen zu erwartende Ereignisse an – so kann etwa eine Rauchsäule auf ein beginnendes Grillfest in der Nachbarschaft hinweisen. Allerdings existiert noch eine bekannte Version, die genau das Gegenteil ausdrückt: *Tutto fumo e niente arrosto* (»viel Rauch und kein Braten«). Sie kommt zur Anwendung, wenn einer pompösen Ankündigung nichts Konkretes folgt außer »heißer Luft«.

In jedem Fall lehrt uns das Sprichwort »Wo Rauch ist, da ist auch Feuer«, dem, was um uns herum vorgeht, genügend Aufmerksamkeit zu widmen, da wir ansonsten, wenn wir eine Sache unterschätzen, Gefahr laufen, uns am Feuer die Finger zu verbrennen.

Non c'è
fumo senza arrosto

[Es gibt keinen Rauch ohne Braten]

There is
no smoke
without fire

No hay
humo
sin fuego

Il n'y a pas
de fumée
sans feu

[Kein Rauch ohne Feuer]

Besser ein Spatz in der Hand als eine Taube auf dem Dach

Analog zur Redewendung »Wenig ist besser als nichts« fordert das Sprichwort dazu auf, sich mit dem zu begnügen, was man hat, statt nach etwas möglicherweise Unerreichbarem zu streben.

Im Italienischen – *Meglio un uovo oggi che una gallina domani* bedeutet so viel wie »Besser heute ein Ei als morgen eine Henne« – steht das Ei für die Gegenwart, während die Henne die Zukunft symbolisiert, die vielleicht gewinnbringender, aber eben auch weitaus unwägbarer ist.

Das Deutsche, Englische und Spanische verweisen ebenfalls auf die Vogelwelt: Es ist in jedem Fall sinnvoller, sich mit dem gefiederten Freund zu bescheiden, den man bereits in der Hand hält, als sich Hoffnungen auf jenen auf dem Dach, die zwei im Gebüsch oder sogar die hundert am Himmel fliegenden (*ciento volando*) zu machen.

Im Französischen kommt hingegen ein etwas anderes Bild zum Einsatz: Es wird davor gewarnt, die Beute loszulassen, um nach dem Schatten zu greifen (*Il ne faut pas lâcher la proie pour l'ombre*) – also nach dem Nichts, der platonischen Projektion des Realen.

Eine Umsetzung des Sprichworts stellt Jean de La Fontaines Fabel »Der kleine Fisch und der Fischer« dar, deren Moral lautet: »Ein ›Hab' ich‹ gilt mehr als zwei ›Hätt' ich‹, wie man spricht; / Jenes ist sicher, Dieses nicht.«

Meglio un uovo oggi
che una gallina domani

[Besser ein Ei heute als eine Henne morgen]

A bird in the hand is worth two in the bush

[Ein Vogel in der Hand ist so viel wert wie zwei im Gebüsch]

Más vale pájaro en mano
que ciento volando

[Besser ein Vogel in der Hand als hundert, die fliegen]

Il ne faut pas lâcher
la proie pour l'ombre

[Man solllte die Beute nicht für den Schatten loslassen]

Man sollte das Fell des Bären nicht verteilen, bevor er erlegt ist

Das Sprichwort empfiehlt – ähnlich wie die Redewendung »Man soll den Tag nicht vor dem Abend loben« –, erst einmal abzuwarten, bis man eine Situation in Gänze beurteilen kann, also beispielsweise einen Besitz nicht schon aufzuteilen, noch ehe man über ihn verfügt.

Im Italienischen kommt anstelle des Bären die Katze zum Einsatz: Wendig, flink und vor allem unberechenbar, wie sie ist, entwischt sie dem Fänger womöglich von jetzt auf gleich aus den Händen; in Sicherheit kann er sich erst wiegen, wenn er es schafft, sie in einen Sack zu stecken. Die spanische Redensart hingegen verweist auf ein Pferd, das zu entwischen droht, wenn man es besteigen will, noch ehe es gesattelt ist.

Im Englischen (*Don't count your chickens before they hatch*) klingt eine Fabel von Jean de La Fontaine mit dem Titel »Der Milchtopf« an: Ein Milchmädchen malt sich beim Gang in die Stadt aus, was es sich alles nach dem Verkauf seiner Milch wird kaufen können – etwa eine große Anzahl von Eiern, aus denen dann hundert Küken schlüpfen sollen. Die Vorfreude lässt es in die Luft springen; dabei fällt der Milchtopf zu Boden, und mit ihm zerbrechen auch all die Träume des Mädchens.

Die deutsche und die französische Wendung weisen ebenfalls einen Bezug zu einer Fabel von La Fontaine auf: »Der Bär und die zwei Gesellen« handelt von zwei Freunden, die knapp bei Kasse sind und daher beschließen, das Fell eines Bären zu verkaufen, noch ehe sie das Tier überhaupt erlegt haben. Doch auch in ihrem Fall lösen sich – wie beim Milchmädchen – die Träume in Luft auf, da sie es nicht schaffen, den Bären tatsächlich zu töten.

Non dire gatto
se non ce l'hai nel sacco

[Man sollte nicht »Katze« sagen, bevor man sie im Sack hat]

Don't count your chickens before they hatch

[Man sollte seine Hühner nicht zählen, bevor sie geschlüpft sind]

No montes el caballo antes de ensillarlo

[Man sollte das Pferd nicht besteigen,
bevor es gesattelt ist]

Il ne faut pas vendre la peau de l'ours avant de l'avoir tué

[Man sollte das Fell des Bären nicht
verkaufen, bevor er erlegt ist]

Man kann nicht auf zwei Hochzeiten gleichzeitig tanzen

Alles haben und auf nichts verzichten wollen – das ist die Grundaussage dieses Sprichworts, das in allen fünf Sprachen auf kulturelle Eigenheiten der jeweiligen Länder anspielt. Im Französischen etwa geht es um Butter, die in den Ländern nördlich der Alpen ein geschätztes kulinarisches Element darstellt. Diese Redewendung ist seit dem 19. Jahrhundert in Gebrauch und zeugt vom Zwiespalt französischer Bauern, die einerseits ihre Butter verkaufen wollten, um damit Geld (*argent*) zu verdienen, das Produkt andererseits aber auch gerne für sich behalten hätten.

Im Fokus der englischen Version steht der Kuchen, eine bei Ihrer Majestät wie auch beim Volk äußerst beliebte Zugabe zum *afternoon tea*. Doch keinem gelingt es, Stücke des Gebäcks zu verspeisen und dennoch den Kuchen in seiner Gesamtheit zu behalten. Im Spanischen hingegen wird – wie auch im Deutschen –

auf die Unmöglichkeit verwiesen, sich an zwei Orten gleichzeitig aufzuhalten: So ist es absolut ausgeschlossen, an der Messe (*missa*) teilzunehmen und im selben Moment die Glocken zu läuten (*repicar*) oder eben auf zwei Hochzeiten gleichzeitig zu tanzen.

Im Italienischen sind Wein und Weib die Protagonisten des Sprichworts. Dieses scheint sich jedoch, anders als die anderen Versionen, ausschließlich an die Männer zu wenden, die wohl bei einer betrunkenen Ehefrau auf mehr Entgegenkommen, Gefügigkeit und Spaß hoffen. Eine solche zutiefst sexistische Auffassung lässt sich eigentlich durch nichts rechtfertigen, nicht einmal durch den Hinweis, dass sie aus einem alten bäuerlichen Kontext stammt, von wo aus sich die Wendung dann verbreitet hat.

Non si può avere la botte piena e la moglie ubriaca

[Man kann nicht ein volles Fass und gleichzeitig
eine betrunkene Ehefrau haben]

You can't have your cake and eat it too

[Man kann nicht den ganzen Kuchen behalten und ihn gleichzeitig essen]

No puedes estar en misa y repicando

[Man kann nicht die Messe besuchen und gleichzeitig die Glocken läuten]

Tu ne peux pas avoir le beurre et l'argent du beurre

[Man kann nicht gleichzeitig über die Butter und das Geld aus ihrem Verkauf verfügen]

Die Kutte macht nicht den Mönch

Die Redewendung fordert dazu auf, Äußerlichkeiten zu misstrauen, denn sie können irreführend sein: Tatsächlich ist es nicht das Gewand, das den Mönch zu einem solchen macht, sondern es sind seine Taten und vor allem seine Gesinnung. Die Ursprünge dieses Sprichworts liegen wohl im Mittelalter, als der Klerus und die *oratores* (buchstäblich all jene, die beteten) eine ganz wesentliche Rolle im sozialen Leben gespielt haben. Die Verknüpfung des trügerischen Scheins mit der Figur eines Mönchs ist nicht nur im Deutschen, sondern auch in den romanischen Sprachen (im Italienischen, Französischen, Spanischen) vorherrschend.

Das Englische hingegen verwendet zur Veranschaulichung einen zweckmäßigen, weltlichen Gegenstand: das Buch. Dem Sprichwort zufolge lässt sich ein Text nicht beurteilen, indem man nur den Bucheinband betrachtet. Die Bedeutung ist in jedem Fall dieselbe: Man sollte sich davor hüten, vom äußeren Erscheinungsbild auf den Inhalt zu schließen. Die Wendung »Beurteile ein Buch nicht nach seinem Umschlag« ist mittlerweile in vielen Sprachen gebräuchlich, besonders in den Bereichen Film und Literatur.

Die Mahnung, sich auf die inneren Werte, den Wesenskern zu besinnen, wird gerade in der heutigen Zeit immer wichtiger, in der — Parmenides zum Trotz — nicht nur das Sein existiert, sondern der blendende Schein offenbar besonders erstrebenswert ist.

Non è	El hábito	L'habit
l'abito che fa	no hace	ne fait pas
il monaco	al monje	le moine

[Die Kutte macht nicht den Mönch]

You can't judge a book
by its cover

[Beurteile ein Buch nicht nach seinem Umschlag]

Wenn man vom Teufel spricht …

Diese Redewendung kommt zum Einsatz, wenn etwas – oder öfter: jemand – plötzlich erscheint, und zwar genau in dem Augenblick, in dem man von ihm oder ihr spricht. Als typischer Repräsentant des unvermittelten Auftretens scheint in vielen Teilen der Welt der Teufel zu gelten: So zeigen sich im Italienischen dessen Hörner, wenn man von ihm spricht (*Parli del diavolo e spuntano le corna*), während sich im Deutschen und Englischen sogleich das gesamte teuflische Wesen manifestiert (*Speak of the devil and he shall appear*). Die englische Sprache wartet allerdings auch mit einer positiven Entsprechung auf: *Talk of an angel and you'll hear his wings* (»Wenn du von einem Engel sprichst, wirst du seine Flügel hören«) bedeutet, dass das Reden von Gutem auch Gutes zur Folge hat.

Interessanterweise wies wohl das spanische Sprichwort ebenfalls ursprünglich einen Bezug zur Religion auf, auch wenn die aktuelle Form dies nicht mehr vermuten lässt. Während heutzutage der König (*rey*) von Rom durch die Tür tritt, wenn man von ihm spricht, war einigen Linguisten zufolge früher offenbar vom *ruin de Roma* die Rede, womit der Papst während des avignonesischen Exils im 14. Jahrhundert gemeint war – damals genoss das Kirchenoberhaupt offenbar kein großes Ansehen. Im Laufe der Zeit übernahm dann ein Monarch dessen Rolle im Sprichwort.

Die Franzosen schließlich beschwören einen Wolf herauf und verweisen damit auf die klassische Redensart *lupus in fabula*; diese diente gleichfalls als Ausdruck des Erstaunens über das unerwartete Auftauchen einer Person, über die soeben gesprochen worden war.

Parli del diavolo
e spuntano le corna

[Kaum spricht man vom Teufel,
tauchen seine Hörner auf]

Talk of an angel and you'll hear his wings

[Wenn du von einem Engel sprichst, wirst du seine Flügel hören]

Hablando del rey de Roma, por la puerta asoma

[Spricht man vom König von Rom,
kommt er schon zur Tür herein]

Quand on parle du loup, on en voit la queue

[Wenn man vom Wolf spricht,
sieht man schon seinen Schwanz]

Wer Wind sät, wird Sturm ernten

Diese beliebte Redensart entstammt der Bibel, genauer gesagt dem Alten Testament (Hosea 8, 7): Der Prophet Hosea wettert dort gegen das Volk Israel, dessen Priester und den König, gegen ihre Sündhaftigkeit und Gottvergessenheit. Die Bedeutung des Sprichworts ist offensichtlich: Jede Handlung zieht eine Reaktion nach sich, und wer Schlechtes tut, der muss damit rechnen, dass seine Taten deutlich Schlimmeres zur Folge haben. Das Bibelzitat ist in allen fünf Sprachen zu einer sehr gebräuchlichen Redewendung geworden.

Ein ganz ähnlicher, wenn auch nicht ganz so bedrohlich klingender Bibelvers – aus dem Brief des Paulus an die Galater (6, 7) – wird insbesondere im Englischen gern als Sprichwort angeführt: *As you sow, so shall you reap* (»Denn was der Mensch sät, das wird er ernten«). Und schon bei Cicero findet sich ein Zitat mit der gleichen Bedeutung: *Ut sementem feceris, ita metes.*

In all diesen Wendungen geht es um das Ursache-Wirkungs-Prinzip sowie die Mahnung, stets umsichtig und vernünftig zu handeln und bei jeder Entscheidung auch das Wohl der Mitmenschen im Blick zu haben, denn wer anderen schadet, schadet letztlich sich selbst.

| Chi semina vento raccoglie tempesta | Quien siembra vientos, recoge tempestades |

Qui sème
le vent, récolte
la tempête

Sow the
wind, reap the
whirlwind

Der Krug geht so lange zum Brunnen, bis er bricht

Im Italienischen lautet die Redewendung *Tanto va la gatta al lardo che ci lascia lo zampino* (»Die Katze geht so lange zum Speck, bis sie eine Pfote lässt«), und sie bedeutet: Wer sich niederträchtig verhält, wird früher oder später dafür bezahlen müssen. Im Zentrum steht die herumstreunende Katze, stets auf der Suche nach Leckereien, die sie stibitzen könnte. Heimlich schnappt sie sich den Speck, wann immer sich dazu eine Gelegenheit bietet, angelt mit den Pfötchen nach ihrer Beute – und riskiert damit den Verlust einer Pfote, falls der Bauer gerade mit dem Messer zugange ist und sie beim Klauen erwischt.

Unter den zahlreichen italienischen Varianten des Sprichworts (beispielsweise: *Tanto va la mosca al miele che ci lascia il capo* – »Die Fliege geht so oft an den Honig, bis sie ihren Kopf lässt«) gibt es eine, die nicht auf das Tierreich, sondern eher auf den häuslichen Bereich in früheren Zeiten verweist und die auch in anderen europäischen Sprachen verwendet wird, nämlich: *Tanto va la brocca al fonte finchè alla fine non si rompe,* »Der Krug geht so lange zum Brunnen, bis er bricht«. Dem ebenfalls beliebten Ausspruch zum Trotz, dass Scherben Glück bringen, drückt auch diese Redensart, die im Deutschen bereits seit dem 16. Jahrhundert belegt ist, die Mahnung aus, dass fragwürdiges Handeln sich irgendwann rächen und man damit scheitern wird.

Tanto va la gatta al lardo che ci lascia lo zampino

[Die Katze geht so lange zum Speck, bis sie eine Pfote lässt]

| The pitcher goes so often to the well that it is broken at last | Tanto va el cántaro a la fuente que al final se rompe | Tant va la cruche à l'eau qu'à la fin elle se casse |

[Der Krug geht so lange zum Brunnen, bis er bricht]

Der Appetit kommt mit dem Essen

Die in allen fünf Sprachen einheitliche Redewendung bedeutet: Hat man erst einmal mit etwas angefangen, dann bekommt man auch Lust darauf. Mit anderen Worten: Je mehr man sich mit einer Sache auseinandersetzt, desto größer wird das Interesse daran. Die Redensart findet sich bereits im Abenteuerroman *Gargantua und Pantagruel* des französischen Renaissancedichters François Rabelais (1483/84–1553): »*L'appétit vient en mangeant; la soif s'en va en buvant*« (»Der Appetit kommt beim Essen ..., aber der Durst vergeht mit dem Trinken«). Das Motiv klingt sogar schon in der griechischen Mythologie mit der Figur von Erysichthon an, der einen heiligen Baum der Demeter fällen lässt und dafür von der Göttin mit unstillbarem Hunger bestraft wird: »jegliche Speis' ist in jenem Lockung der Speis'« heißt es in Ovids *Metamorphosen* (Buch VIII, vv. 841–842).

Interessant ist in diesem Zusammenhang die Etymologie des Substantivs »Appetit«, das auf das lateinische Verb *appetere* für »Verlangen haben, begehren« zurückgeht. Der Wunsch nach Befriedigung der eigenen Bedürfnisse kann dem körperlichen Drang gelten – also den Grundbedürfnissen – oder auch sozialen und individuellen Sehnsüchten, wie etwa der Selbstverwirklichung (vgl. die Bedürfnispyramide nach Maslow, 1954).

In jedem Fall lohnt es, sich an den Tisch zu setzen, auch wenn man keinen übermäßigen Hunger verspürt. Schließlich kommt der Appetit mit dem Essen. Und es besteht keine Eile, wenn man dem italienischen Sprichwort glauben mag, das besagt: *A tavola non si invecchia* – »Bei Tisch altert man nicht«.

L'appetito	Appetite comes
vien mangiando	with eating

Comiendo
entra la gana

L'appétit vient
en mangeant

Ein Haar in der Suppe finden

Für alle extrem kleinlichen, als pedantisch geltenden Menschen ist dies die Redensart der Wahl. Wer unbedingt an einer leckeren Suppe – oder generell einer guten Sache – etwas aussetzen will, der findet sicherlich zumindest ein Haar darin, wenn er nur ganz genau hinschaut.

Im Italienischen gestaltet sich die Suche allerdings etwas komplizierter, ist sogar im Grunde genommen ein nutzloses Unterfangen, denn das Haar wird hier im – für gewöhnlich haarlosen – Ei gesucht: *cercare il pelo nell'uovo.*

Schon das lateinische *pilus* steht nicht nur für das einzelne Haar, sondern auch für eine geringfügige Kleinigkeit, eine Lappalie. Ebenfalls um Haare im Zusammenhang mit übertriebener Spitzfindigkeit geht es in der englischen Redensart, nämlich um die mühevolle und recht überflüssige Arbeit des »Haarespaltens« (*splitting hairs*).

Das Französische und das Spanische wiederum beziehen sich – wie es oft in Sprichwörtern der Fall ist – auf die Tierwelt. *Chercher la petite bête* (»kleines Getier suchen«) spielt auf die Gewohnheit der Primaten an, sich gegenseitig zu lausen. Dieses an sich nützliche Verhalten kann im menschlichen Bereich hingegen durchaus als überzogene Kleinkrämerei interpretiert werden. Im Spanischen findet derartige Pedanterie ihren Ausdruck in der hypothetischen Suche nach der fünften Pfote einer Katze – ein absolut sinnloses Vorhaben, mit dem sich eine Situation auch wunderbar verkomplizieren lässt.

All diese Wendungen fordern letztlich dazu auf, die Suche nach dem Splitter im Auge des Gegenübers zu unterlassen und sich doch lieber dem Balken im eigenen Auge zu widmen.

Cercare il pelo nell'uovo

[Das Haar im Ei suchen]

Splitting hairs

[Haare spalten]

Buscarle la quinta pata al gato

[Die fünfte Pfote der Katze suchen]

Chercher la petite bête

[Kleines Getier suchen]

Das Gras auf der anderen Seite ist immer grüner

Diese Redewendung gilt insbesondere all jenen, die neidisch auf ihre Mitmenschen und stets unzufrieden mit der eigenen Situation sind. Dass es das Sprichwort in allen fünf Sprachen gibt, zeugt von der Allgemeingültigkeit dieser menschlichen Charakterschwäche. Schon in Ovids *Ars amatoria* heißt es: »Fruchtbarer sind doch immer auf fremden Äckern die Saaten« (I, 349). Zu allen Zeiten hatte der Nachbar stets die üppigere Ernte, die süßeren Kirschen oder eben das grünere Gras. Und in unserer heutigen Wettbewerbsgesellschaft, in der das olympische Motto »Schneller, weiter, stärker« längst alle Bereiche des Lebens erfasst hat, ist die Wendung gebräuchlicher denn je. Sogar in den wieder äußerst beliebten urbanen Kleingartenanlagen wird um das prallere Gemüse und die buntere Blumenpracht konkurriert, und auch das verbissene Bemühen um den vorbildlichsten Rasen offenbart sich nicht mehr nur in den Vorgärten Großbritanniens und der USA.

Ein deutlicher Einfluss auf die Verbreitung der Redensart dürfte von der britischen Komödie *The Grass is Greener* mit Cary Grant und Deborah Kerr (Regie: Stanley Donen) aus dem Jahr 1960 ausgegangen sein. Während der Titel in den meisten Ländern mehr oder weniger beibehalten wurde – in Italien lautete er *L'erba del vicino è sempre più verde* –, verzichtete man in Deutschland auf das Sprichwort und nannte den Film stattdessen *Vor Hausfreunden wird gewarnt*. Vielleicht ist das der Grund, warum hier noch immer häufiger auf die angeblich süßeren Kirschen in Nachbars Garten verwiesen wird als auf das grünere Gras auf der anderen Seite.

L'erba del vicino
è sempre
più verde

La hierba del vecino
es siempre
más verde

[Das Gras des Nachbarn
ist immer grüner]

The grass is always
greener on
the other side

L'herbe est
toujours plus
verte ailleurs

[Das Gras auf der anderen
Seite ist immer grüner]

[Das Gras woanders
ist immer grüner]

Schlafende Hunde soll man nicht wecken

In allen fünf Sprachen warnt dieses Sprichwort davor, sich unnötigen Ärger einzuhandeln, indem man leichtsinnigerweise die Aufmerksamkeit reizbarer Tiere auf sich lenkt. Während sich die Franzosen davor hüten, den Schlaf einer Katze zu stören, um zu vermeiden, dass sie blitzschnell ihre Krallen ausfährt und einem schmerzende Wunden zufügt, wird im Deutschen und Italienischen davon abgeraten, einen oder mehrere schlafende – in wachem Zustand potenziell bissige – Hunde zu wecken, wobei auch die italienischen Varianten *Non stuzzicare/toccare il can che dorme* (»Den schlafenden Hund soll man nicht necken/berühren«) existieren. Ähnlich riskant ist es, so die spanische Mahnung, ein Wespennest (*avispero*) zu beseitigen, da man damit womöglich einen ganzen Schwarm fliegender und stechender Insekten gegen sich aufbringt.

Tatsächlich gibt es auch im Deutschen die Wendung »in ein Wespennest stechen«, wenn es um das Berühren einer heiklen Angelegenheit geht. Mit noch bedrohlicheren Tieren hat man es schließlich im Englischen zu tun: Dort wird darauf verwiesen, dass man Bären nicht reizen sollte – das Provozieren von eindeutig stärkeren und mächtigeren Wesen führt letztlich immer dazu, dass man den Kürzeren zieht.

Das Redensarten-Wörterbuch von Carlo Lapucci (*Dizionario dei Proverbi Italiani*) merkt zu dem Sprichwort an: »Wer unnötigerweise gefährliche, überhebliche oder dumme Kreaturen stört, wird mit den Konsequenzen leben müssen.« Generell lehrt uns der Volksmund, dass es in bestimmten Situationen ratsamer ist, die Dinge einfach ruhen zu lassen, anstatt »auf Teufel komm raus« Unannehmlichkeiten heraufzubeschwören.

Non svegliare il can che dorme

[Den schlafenden Hund soll man nicht wecken]

Don't poke the bear

[Den Bären sollte man nicht reizen]

No remuevas el avispero

[Das Wespennest sollte man nicht beseitigen]

Il ne faut pas réveiller le chat qui dort

[Die schlafende Katze soll man nicht wecken]

Wer mit Hunden zu Bett geht, steht mit Flöhen auf

Mit diesem Sprichwort ermahnen Eltern gern den Nachwuchs, dessen in ihren Augen schlechter Umgang ihnen Sorgen macht: Wer sich mit den falschen Leuten abgibt, der schädigt damit nicht nur den eigenen Ruf, sondern übernimmt womöglich auch zweifelhafte Verhaltensweisen. Natürlich kann es sich dabei – gerade im Fall von noch ungefestigten Heranwachsenden – um eine Anpassungsstrategie handeln, um sich in einer Gruppe Gleichgesinnter sicherer und stärker zu fühlen. Doch das Motto »So machen das doch alle« ist selten eine gute Entschuldigung für rüpelhaftes Benehmen.

Im Deutschen und im Englischen mag die Redensart bei vielen Tierfreunden auf Widerspruch stoßen, legt sie doch nahe, dass jeder Hundebesitzer, der seinen geliebten Vierbeiner mit ins Bett nimmt, unweigerlich von dessen Parasiten befallen wird. Diese Annahme herrscht offenbar schon seit langer Zeit vor, denn die Wendung findet sich bereits im Lateinischen: *Qui cum canibus concumbunt cum pulicibus surgent.* Interessanterweise haben die aus dem Lateinischen hervorgegangenen romanischen Sprachen ein ganz anderes Bild geprägt. Das italienische Sprichwort etwa lautet: *Chi va con lo zoppo impara a zoppicare* (»Wer mit dem Hinkenden geht, lernt zu hinken«), und auch im Spanischen und Französischen wird auf das gewissermaßen »ansteckende« Humpeln verwiesen.

Im Wesentlichen besagt die Redensart also, dass wir die Wahl unserer Kontakte sorgsam treffen und uns kein unzureichendes Auftreten aneignen sollten.

Chi va con
lo zoppo impara
a zoppicare

Quien con
un cojo va al cabo
del año cojeará

En vivant avec
les boiteux on
apprend à boiter

[Wer mit dem
Hinkenden geht,
lernt zu hinken]

[Wer mit einem
Hinkenden geht,
lernt innerhalb eines
Jahres zu hinken]

[Wenn man mit
den Hinkenden lebt,
lernt man zu
hinken]

If you lie down with dogs, you will get up with fleas

[Wer mit Hunden zu Bett geht, steht mit Flöhen auf]

Wenn die Katze aus dem Haus ist, tanzen die Mäuse auf dem Tisch

Die Hausmaus existiert seit etwa 500 000 Jahren und hat sich als Kulturfolger des Menschen auf der ganzen Welt verbreitet. Sie ist ein Allesfresser: Vorrangig ernährt sie sich von Pflanzen, verschmäht aber auch Insekten nicht und erst recht nicht menschliche Nahrungsmittel. Um die Zahl der Mäuse und der von ihnen verursachten Schäden so gering wie möglich zu halten, werden seit Jahrhunderten Hauskatzen als Jäger eingesetzt; fehlen die natürlichen Feinde, können die Mäuse schnell zur – eher fressenden als tanzenden – Plage werden.

Die Redewendung von den übermütig die Abwesenheit der Katze feiernden Mäusen, die in mehr oder weniger demselben Wortlaut in allen fünf Sprachen geläufig ist, beschreibt also in gewisser Weise eine tierische, im übertragenen Sinne jedoch vor allem eine sehr menschliche Verhaltensweise: Ist eine an-

sonsten allgegenwärtige Kontrolle durch die Obrigkeit kurzfristig außer Kraft gesetzt, wird diese Situation gern dazu genutzt, die für gewöhnlich geltenden Regeln ausgelassen zu überschreiten. Da der Drang nach zumindest sporadischer Zügellosigkeit bei vielen Menschen groß zu sein scheint, gibt es seit jeher Bräuche wie die Saturnalien im Römischen Reich oder Karneval, bei denen es die Autoritäten – zeitlich eng begrenzt und in Maßen – zulassen, dass sich das Volk Freiheiten erlaubt, die ihm unter normalen Umständen nicht zustehen.

| Quando il gatto non c'è i topi ballano | When the cat's away, the mice will play |

| Cuando el gato
no está,
los ratones bailan | Quand le chat
n'est pas là,
les souris dansent |

Zwei Fliegen mit einer Klappe schlagen

»Zwei Fliegen mit einer Klappe schlagen« oder »Zwei Fliegen auf einen Streich schlagen« bedeutet, dass man zwei Ziele mit einer Maßnahme erreicht, wodurch sich ein doppelter Vorteil ergibt. Im Deutschen wird das Sprichwort häufig auf das Märchen »Das tapfere Schneiderlein« der Gebrüder Grimm zurückgeführt. Ob die Redewendung tatsächlich hier ihren Ursprung hat, ist allerdings nicht belegt.

Im Italienischen werden aus den Fliegen Tauben (*piccioni*), die ihre Freiheit verlieren. Das Sprichwort geht wohl auf die Jägersprache zurück – wobei es sich um eine recht unorthodoxe Methode der Jagd auf Wildtauben handelt: Ein Faden wird um eine getrocknete Bohne (*fava*) gebunden; schluckt die Taube nun die Bohne hinunter, hängt sie am Faden und ist gefangen. Die Hülsenfrucht dient also als Köder, ähnlich dem Wurm am Angelhaken beim Fischen. (Wie es möglich ist, eine zweite Taube mit derselben Bohne zu fangen, verrät das Sprichwort leider nicht.) Im Englischen und Spanischen werden zwei Vögel (*birds, pájaros*) gleichzeitig getötet – im Englischen durch einen Stein (*stone*), im Spanischen durch den Schuss aus einer Flinte (*tiro*). Auch die Franzosen bedienen sich eines Steins, um gleich zwei Treffer (*coups*) zu landen. Der Ausdruck wurde von Michel de Montaigne im 16. Jahrhundert verwendet, existierte jedoch sicherlich in anderer Form schon früher.

Das Sprichwort gehört zu einer Reihe von Wendungen, die eine Abfolge von Ereignissen mit einem positiven Ergebnis verknüpfen (»Aller guten Dinge sind drei«). Allerdings heißt es auch: »Ein Unglück kommt selten allein.« Bleibt zu hoffen, dass dies ebenso für die Freuden des Lebens gilt.

Prendere due piccioni con una fava

[Zwei Tauben mit einer Bohne fangen]

To kill two birds with one stone	Matar dos pájaros de un tiro	Faire d'une pierre deux coups
[Zwei Vögel mit einem Stein töten]	[Zwei Vögel mit einem Schuss töten]	[Mit einem Stein zwei Treffer erzielen]

Grillen im Kopf haben

Die italienische Redewendung *avere grilli per la testa* (»Grillen im Kopf haben«) bedeutet, dass man verrückte oder geradezu bizarre Ideen hat, die sich für gewöhnlich nicht realisieren lassen. Der Bezug zu den Grillen ist wohl deren hohen und schnellen Sprüngen geschuldet, die selbst die ambitioniertesten Akrobaten unmöglich nachahmen können. Eventuell steht der Ausdruck auch im Zusammenhang mit dem Zirpen der Tierchen, das den Zuhörer keinen vernünftigen Gedanken fassen lässt. Im Deutschen stehen die Grillen ebenfalls für schrullige Gedanken und sonderbare Einfälle, aber auch für Launenhaftigkeit; bereits in Luthers Sprichwörtersammlung findet sich der Satz »Er hat gryllen ym kopffe«.

Im Spanischen schwirren dagegen Vögel (*pájaros*) durch das Oberstübchen und sind so für seltsame Vorstellungen verantwortlich. Noch höher hinaus geht es im angelsächsischen Sprachraum: Dort hat jemand mit schrägen Ideen oder einem leicht absonderlichen Verhalten »Fledermäuse im Glockenturm« (*bats in the belfry*).

Grillen, Vögel, Fledermäuse – das oft als hektisch und willkürlich empfundene Treiben dieser Tiere macht die Menschen offenbar seit jeher nervös und wurde daher schon früh mit wunderlichem Gebaren verknüpft. Weitaus ruhiger geht es dafür bei den Franzosen zu, wo es heißt, jemand habe eine Spinne an der Zimmerdecke (*avoir une araignée au plafond*), doch die Bedeutung ist in etwa dieselbe: Tatsächlich sind damit Hirngespinste gemeint – die betreffende Person spinnt ein wenig.

Avere grilli per la testa

[Grillen im Kopf haben]

To have bats in the belfry

[Fledermäuse im Glockenturm haben]

Tener pájaros en la cabeza

[Vögel im Kopf haben]

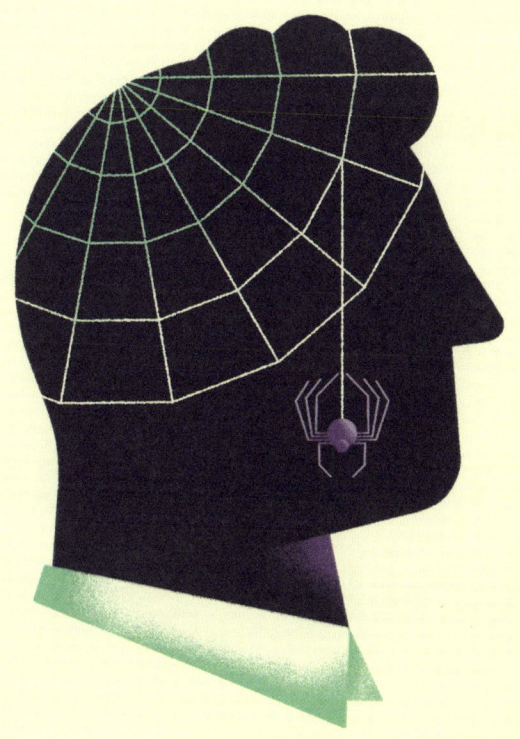

Avoir une araignée au plafond

[Eine Spinne an der Decke haben]

Einem geschenkten Gaul schaut man nicht ins Maul

Das Sprichwort drückt aus, dass man für Geschenke dankbar sein und sie nicht bemäkeln sollte, auch wenn sie nur von geringem Wert sind. Allein die Höflichkeit gebietet es, ein Präsent wertzuschätzen, nicht nur grundsätzlich, sondern auch wegen der Gedanken, die sich der Schenkende dazu gemacht hat. Diese sehr gebräuchliche Redensart wird in allen fünf Sprachräumen mit dem gleichen Wortlaut verwendet, was eine gemeinsame Quelle nahelegt. Tatsächlich geht der Satz, der sich bereits im Kommentar des heiligen Hieronymus zum Brief an die Epheser findet, auf die lateinische Redewendung *Noli equi dentes inspicere donati* (»Kontrolliere nicht die Zähne eines geschenkten Pferdes«) zurück. Größere Verbreitung fand die Redensart dann wohl über den Jargon der Viehhändler, die früher wie heute noch das Alter und den Gesundheitszustand eines

Pferdes beurteilen, indem sie dessen Maul und insbesondere das Gebiss untersuchen. Handelt es sich bei dem Tier jedoch um eine Gratisgabe, erübrigt sich diese Inspektion, und man ist gewissermaßen verpflichtet, es so zu akzeptieren, wie es ist – ohne weiteren Kommentar und erst recht ohne nähere Begutachtung der Zähne.

Ein Geschenk zu erhalten, kann allerdings nicht nur Freude bereiten, sondern bisweilen auch Probleme verursachen. Da mag es vorkommen, dass man sich bei dem Gedanken ertappt: Ich glaub, mich tritt ein Pferd!

A caval donato
non si guarda
in bocca

Don't look
a gift horse
in the mouth

A caballo regalado	À cheval donné
no se le mira	on ne regarde
el diente	pas les dents

Perlen vor die Säue werfen

Mit der Redensart »Perlen vor die Säue werfen« wird umgangssprachlich angedeutet, dass jemand im Begriff ist, wertvolle Gegenstände oder Weisheiten an Menschen zu verschwenden, die solche Dinge gar nicht zu schätzen wissen. Der Ausdruck stammt aus dem Matthäusevangelium; Christus sagt dort in der Bergpredigt: »Ihr sollt das Heilige nicht den Hunden geben, und eure Perlen sollt ihr nicht vor die Säue werfen, damit die sie nicht zertreten mit ihren Füßen und sich umwenden und euch zerreißen« (Matthäus 7, 6). Im jüdischen Glauben gelten insbesondere Schweine als unreine Tiere, und so standen sie in jener Ermahnung vermutlich für die Heiden, die der Perlen – der reinen, heiligen christlichen Lehre – für nicht würdig empfunden wurden. Das Bibelzitat existiert natürlich in sämtlichen Sprachen, weshalb auch die Redewendung in allen fünf hier betrachteten Sprachen vorkommt: *gettare perle ai porci, cast pearls before swine, jeter des perles aux pourceaux, echar margaritas a los puercos.*

Im Französischen und im Spanischen haben sich jedoch hübsche parallele Redensarten durchgesetzt – mit einem anderen, wenn auch ähnlichen Wortlaut und derselben Bedeutung: Während die Franzosen nicht nur Perlen, sondern auch Marmelade (*la confiture*) an ihre Schweine verfüttern und damit vergeuden, verweisen die Spanier darauf, dass Honig nicht für das Maul des Esels gedacht sei (*No se hizo la miel para la boca del asno*). Dieser Satz findet sich bereits im *Don Quijote* von Miguel de Cervantes. In jedem Fall sollte man den Ratschlag beherzigen und Wertvolles (wie Süßes) nur jenen geben, die wirklich etwas damit anzufangen wissen.

Gettare perle ai porci

[Perlen vor die Schweine werfen]

Cast pearls
before swine

[Perlen vor die Schweine werfen]

No se hizo la miel
para la boca del asno

[Der Honig ist nicht für das Maul des Esels gedacht]

Donner de la confiture à des cochons

[Schweinen Marmelade geben]

Andere Länder, andere Sitten

Jede Region hat ihre eigenen Regeln, Sitten und Gebräuche, die sich im Laufe der Jahrhunderte etabliert haben, und auf diese unterschiedlichen Lebensarten und Mentalitäten muss man sich beim Besuch fremder Länder einstellen, auch wenn sie einem zuweilen merkwürdig erscheinen mögen.

Traditionen verbinden, sind gewissermaßen der Kitt im sozialen Gefüge, weshalb es zum Beispiel im Italienischen – neben dem Sprichwort *Paese che vai, usanza che trovi* (wörtlich: »In jedem Land, in das du gehst, findest du eigenes Brauchtum vor«) – auch heißt: *L'usanza del paese non è mai vergogna* (»Das Brauchtum eines Landes ist niemals eine Schande«). Die übrigen hier im Fokus stehenden Sprachen weisen ebenfalls Varianten der Redensart »Andere Länder, andere Sitten« auf. Die englische Version geht auf einen lateinischen Ausspruch zurück, der

Ambrosius von Mailand zugeschrieben wird: »Bist du in Rom, verhalte dich wie die Römer. Bist du woanders, verhalte dich so, wie es dort üblich ist.« Ähnlich drücken es die Spanier aus: »Wo du auch bist, verhalte dich so, wie du es dort siehst«, während die französische Wendung fast genau der deutschen entspricht: *Autre pays, autre coutume.* In diesem Zusammenhang ließe sich auch auf das Konzept des Kulturrelativismus verweisen; schon dessen »Vorläufer« Michel de Montaigne konstatierte in seinem Essay »Von den Cannibalen«, dass »jeder dasienige Barbarey nennt, was bey ihm nicht gebräuchlich ist«. Man sollte also – dazu ermuntert uns die Redensart – stets versuchen, die Gepflogenheiten anderer zu akzeptieren und sich diesen in der Fremde anzupassen, dann klappt es auch mit dem Zusammenleben.

Paese che vai,
usanza che trovi

[Anderes Land, anderes Brauchtum]

When in Rome,
do as the Romans do

[Bist du in Rom, verhalte dich wie die Römer]

Donde fueres,
haz lo que vieres

[Wo du auch bist, verhalte dich so,
wie du es dort siehst]

Autre pays, autre coutume

[Anderes Land, anderes Brauchtum]

Die Katze lässt das Mausen nicht

Niemand kann aus seiner Haut heraus: Dies ist eine unumstößliche Tatsache, auch wenn es manchmal schwerfallen mag, das einzusehen. Dementsprechend stimmen drei der Sprichwörter, das englische, spanische und das französische, darin überein: Ein Leopard kann seine Flecken – also seine angeborenen Eigenschaften – nicht ändern. Ursprung dieser Wendung ist wohl das Alte Testament, wo es im Buch des Propheten Jeremia (aus heutiger Sicht politisch unkorrekt) heißt: »Kann etwa ein Mohr seine Haut wandeln oder ein Panther seine Flecken? So wenig könnt auch ihr Gutes tun, die ihr ans Böse gewöhnt seid« (Jeremia 13, 23). Hier klingt die Ansicht an, gewisse Wesen seien von Natur aus schlecht und daher nicht in der Lage, sich zu bessern. Dasselbe drückt auch die italienische Version aus: *Il lupo perde il pelo ma non il vizio* (»Der Wolf verliert das Fell, jedoch nicht das Laster«). Ihr liegt der lateinische Ausspruch vom Fuchs zugrunde, der das Fell wechselt, aber nicht das Verhalten (*Vulpes pilum mutat, non mores*), der sich schon in der vom römischen Schriftsteller Sueton verfassten Biografie des Kaisers Vespasian findet.

In ähnlicher Weise rückt die deutsche Redensart das als unabänderlich geltende natürliche Gebaren kleinerer Raubtiere in den Fokus: »Die Katze lässt das Mausen nicht.« Die Kernaussage lautet, dass man alte Gewohnheiten nicht so einfach (wenn überhaupt) abstreifen kann. Dennoch: Während sich bestimmte äußerliche oder charakterliche Merkmale kaum modifizieren lassen, dürfte – zumindest im menschlichen Bereich und mit etwas gutem Willen – die Überwindung fragwürdiger Verhaltensweisen durchaus möglich sein.

Il lupo perde il pelo ma non il vizio

[Der Wolf verliert das Fell, jedoch nicht das Laster]

| A leopard can't change its spots | Un leopardo no puede cambiar sus manchas | Un léopard ne peut pas changer ses tâches |

[Ein Leopard kann seine Flecken nicht ändern]

Klein, aber oho

Dieses Sprichwort gilt für all jene, die von besonders kleiner und zarter Statur sind. Es wird immer gern verwendet, um darauf aufmerksam zu machen, dass jemand oder etwas trotz geringer Größe nicht unterschätzt werden sollte und ebenso beachtlich sein kann wie die voluminösere Ausgabe, ja sogar deutlich beeindruckender.

Während das Deutsche auf jegliche konkrete Benennung verzichtet und das Englische lediglich auf die »guten Dinge in kleinen Verpackungen« (*good things in small packages*) verweist, führen die romanischen Sprachen anschauliche Beispiele für wertvolle Inhalte kleiner Behältnisse an. In Italien handelt es sich (natürlich) um edlen Wein, der nur in geringer Menge vorhanden ist und daher im Fässchen gelagert wird (*Nella botte piccola c'è il vino buono*). Im spanischen Sprachraum geht es ebenfalls um duftende Flüssigkeit, nämlich um das exklusive Parfüm im zierlichen Flakon (*el buen perfume en frasco pequeño*). Und die Franzosen setzen auf kostbaren Balsam für Haut und Seele: *Dans les petites boîtes sont les bons onguents* (»Die kleinen Gefäße enthalten die guten Salben«).

Diese Redensarten demonstrieren uns, dass wahre – innere – Größe nichts mit äußeren Ausmaßen zu tun hat. Und im weiteren Sinne geben sie zu bedenken, dass es doch gerade die kleinen Dinge sind, die das Leben schön und den Menschen glücklich machen.

Nella botte piccola c'è il vino buono

[Das kleine Fass enthält den guten Wein]

Good things
come in small
packages

El buen perfume
se vende en
frasco
pequeño

Dans les
petites boîtes
sont les bons
onguents

[Die guten Dinge
stecken in kleinen
Verpackungen]

[Das gute Parfüm
wird im kleinen
Flakon verkauft]

[Die kleinen Gefäße
enthalten die
guten Salben]

Den Pflug vor den Ochsen spannen

Mit diesem Sprichwort ist gemeint, dass jemand falsch an eine Sache herangeht, indem er oder sie die eigentlich logische Reihenfolge umkehrt und damit womöglich auch das Prinzip von Ursache und Wirkung durcheinanderbringt.

In vier der fünf hier betrachteten Sprachen werden zur Veranschaulichung Bilder aus dem bäuerlich-ländlichen Bereich verwendet: So geht es im Deutschen, Italienischen und Französischen um Ochsen, vor die mal ein Pflug, mal ein Karren gespannt wird. Das Italienische wartet noch mit einer längeren und gereimten Fassung der Redensart auf: *Chi mette il carro innanzi ai buoi se non se n'accorge prima, se n'accorge poi* (»Wer den Karren vorn vor die Ochsen setzt, merkt's vielleicht nicht gleich, aber doch zuletzt«). Im angelsächsischen Sprachraum steht ebenfalls ein Karren im Mittelpunkt, der hier jedoch das

Pferd ziehen soll (*to put the cart before the horse*).

Pflug und Karren wurden bereits in der Antike als Arbeits- oder Transportmittel auf den Feldern genutzt. Und als Zugtiere dienten auch damals schon bevorzugt Ochsen, also starke männliche Rinder, die kastriert und damit gefügig gemacht werden, damit man sie als Arbeitskraft einsetzen kann.

Im Spanischen, insbesondere dem lateinamerikanischen, existiert zwar ebenfalls eine wörtliche Entsprechung der Redensart (*Poner el carro delante del caballo/de los bueyes*), häufiger kommt jedoch die Wendung *empezar la casa por el tejado* (»das Haus mit dem Dach beginnen«) zum Einsatz, um auszudrücken, dass bei einem Vorhaben der letzte Schritt vor dem ersten gemacht wird, eine Sache also völlig chaotisch oder unsinnig abläuft.

| Mettere il carro davanti ai buoi | Mettre la charrue avant les bœufs | To put the cart before the horse |

[Den Karren vor die Ochsen/das Pferd spannen]

Empezar la casa por el tejado

[Das Haus mit dem Dach beginnen]

Es ist nicht alles Gold, was glänzt

Diese Redensart ist in allen hier untersuchten Sprachen dieselbe; sie macht darauf aufmerksam, dass nicht alles, was außen prächtig schimmert, auch tatsächlich wertvoll ist.

Der Ausdruck ist sehr alt und findet sich schon bei Äsop und im Lateinischen (*Non omne quod nitet aurum est*) sowie beispielsweise im 12. Jahrhundert in der Sprichwörtersammlung *Liber parabolarum* des französischen Dichters Alanus ab Insulis.

Englische Versionen werden in Geoffrey Chaucers *Canterbury Tales* und in William Shakespeares *Kaufmann von Venedig* erwähnt, wo auf einer Schriftrolle geschrieben steht: »*All that glisters is not gold*« (2. Akt, 7. Szene). Auch in Spanien hielt die Wendung über bedeutende Werke der Literatur wie *Don Quijote* und *La Celestina* Einzug in den allgemeinen Sprachgebrauch.

So wird ein kleiner Teil der Volksweisheit — die die Grundlage jeder gesellschaftlichen, künstlerischen und kulturellen Bewegung bildet — in Form dieser Redewendung von einem Ende der Welt zum anderen und von Generation zu Generation überliefert und scheint sich allgemein großer Beliebtheit zu erfreuen. Gute Ratschläge sind schließlich stets willkommen und oft auch notwendig, gerade dann, wenn sie davor warnen, sich vom trügerischen Schein des Goldes blenden zu lassen, das sich letztlich als wertloser Modeschmuck herausstellen kann. Die gut gemeinten Ratschläge sollen also verhindern, dass man auf etwas hereinfällt, was auf den ersten Blick vielversprechend wirken mag.

Non è tutto oro
quel che luccica

All that glitters
is not gold

No es oro
todo lo que reluce

Tout ce qui brille
n'est pas or

Daniele Simonelli

Freischaffender Illustrator aus der Umgebung von Rom, der der Clipart seit nahezu einem Jahrzehnt den Kampf angesagt hat. Nachdem er einige Jahre in verschiedenen römischen Studios gearbeitet hatte, wagte er den Sprung über den Ärmelkanal und versuchte, London mit seinen Illustrationen zu erobern. Er scheiterte fröhlich und kehrte reich an Erfahrungen und Kontakten nach Rom zurück, wo er als Freelancer international tätig ist. Dabei ernährt er sich von Büchern mit Figuren, Jazz und Trekking.

danielesimonelli.com

Marianna Rossi

Art Director und interdisziplinäre Designerin mit geisteswissenschaftlichem Hintergrund, die in den Bereichen Interface, Verlagswesen und Branding tätig ist. Als Fan von Belletristik für Erwachsene und Kinder, von Bilderbüchern, Post-Punk und Jazz liebt sie es, zu erzählen und Kulturgüter aus der ganzen Welt weiterzuempfehlen, womit sie Zusammenhänge zwischen verschiedenen Sprachen und Geschichten herstellt. Sie lebt in einem kleinen Haus am Fuße des Monte Ginestro zwischen Unmengen an Druckerzeugnissen und bunten Gegenständen.

mariannarossi.com

Michela Tartaglia

Geboren und aufgewachsen in Turin, aber im Herzen ist sie eine Süditalienerin aus Irpinia – mit einem Abschluss in Philosophie der Universität von Bologna. Als leidenschaftliche Köchin eröffnete sie in Seattle die Kochschule »Cucina Casalinga« sowie einen kleinen Laden mit selbstgemachten Nudeln, »Pasta Casalinga«. Mit diesen unternehmerischen Aktivitäten drückt sie die Zugehörigkeit zu ihrem Heimatland über gutes Essen aus. Sie ist Mutter zweier wunderbarer Töchter, eifrige Leserin und mit Leib und Seele Entdeckerin.

pastacasalingaseattle.com
cucinacasalinga.org

Dieses Buch wurde klimaneutral produziert.

Druckprodukt
ClimatePartner.com/17531-2110-1001

Die italienische Originalausgabe erschien
2020 unter dem Titel »Una mela al giorno.
Proverbi e modi di dire dal mondo«
bei NOMOS EDIZIONI.
© NOMOS EDIZIONI
Text: Michela Tartaglia
Illustrationen: Daniele Simonelli
Design: Marianna Rossi

Erste Auflage 2022
© 2022 für die deutsche Ausgabe: DuMont Buchverlag, Köln
Alle Rechte vorbehalten

Übersetzung: Alexandra Titze-Grabec
Verlagskoordination: Vera Maas, Kathrin Nick
Lektorat: Kerstin Thorwarth
Satz: Julia Gramlich
Umschlaggestaltung: Birgit Haermeyer unter Verwendung
von zwei Illustrationen von Daniele Simonelli
Druck und Verarbeitung: DZS Grafik d.o.o., Ljubljana

Printed in Slovenia
ISBN 978-3-8321-6902-2

www.dumont-buchverlag.de